Bilder der
SCHIFFFAHRT

SCHUBSCHIFFFAHRT AUF DEM MITTELRHEIN

Diese Aufnahme aus dem Jahr 1978 zeigt, wie sich das Schubboot „KN II“ (siehe auch Seite 24) mit zwei beladenen Leichtern im Fahrwasser der Loreley ums Betteck müht. In der heutigen Zeit erledigen solche Dienste wesentlich leistungsstärkere Koppelverbände oder 135-Meter-Schiffe, die bei gleicher Transportleistung schneller und flexibler agieren.

Bilder der
SCHIFFFAHRT

SCHUBSCHIFFFAHRT AUF DEM MITTELRHEIN

Gerd Schuth

SUTTON
VERLAG

Der Inbegriff des neuen Transportsystems Schubschifffahrt war Ende der 1950er-Jahre der „Wasserbüffel“ mit den vier neuen Leichtern „Rheinschub 1 bis 4“. Solche Neubauten gaben die großen Rheinreedereien aber zunächst nur zögerlich in Auftrag. So war diese Einheit das Gemeinschaftsprodukt von vier namhaften Firmen: Raab Karcher, Fendel, Nederlandse Rijnvaartvereinigung (NRV) und Vulcaan (siehe auch Seite 32).

Sutton Verlag GmbH
Arnstädter Straße 8
99096 Erfurt
www.suttonverlag.de

3. Auflage, 2020
ISBN: 978-3-95400-012-8
Druck: Florjančič Tisk d.o.o. / Slowenien

In diesem Buch wird aus Gründen der besseren Lesbarkeit das generische Maskulinum verwendet. Weibliche und anderweitige Geschlechteridentitäten werden dabei ausdrücklich mitgemeint, soweit es für die Aussage erforderlich ist.

INHALTSVERZEICHNIS

BILDNACHWEIS

Archiv Fritz Panzel, St. Goar: Seite 67o., 71o., 74, 76u., 86o., 99o., 101, 116.
Archiv Vereinigung de Binnenvaart, Dordrecht/Niederlande: Seite 4, 9, 10, 33o., 45o., 46o., 47o., 48o.

Josef Baumann, Koblenz: Seite 72o., 76o., 77o., 92o.
Fritz Bubenheim, St. Goar: Seite 11o., 19o., 32.
Gunter Dexheimer, Stockstadt/Rhein: Seite 14u., 17u., 19u., 21o., 22o., 23o., 25o., 26u., 29o., 30u., 38u., 65, 68u.
Karla Erfman, Zwijndrecht/Niederlande: Seite 122u.
Klaus Flemming, Köln: Seite 11u., 12u., 13u., 16u., 18u., 20u., 21u., 22u., 23u., 24o., 25u., 27u., 28u., 29u., 30o., 33u., 39o., 42, 45u., 46u., 47u., 48u., 49u., 50o., 53, 54o., 57, 60o., 61, 64u., 114o.
A. Gloss, Passau: Seite 60u., 66u., 82o., 114u.
Günter Lamek, Koblenz: Seite 2, 24u., 34, 35, 36, 37, 38o., 40, 41, 43, 49o., 50u., 51, 52, 55u., 56, 58, 59, 90, 93o., 97o., 102, 107o.,110, 113o., 121u.
Meng, Archiv A. Nieser, Pfatter: Seite 12o., 13o., 14o., 18o., 26o., 28o.
Leo Schuitemaker, Klundert/Niederlande: Seite 81o., 89u. 122o.
Wilk, Archiv Dexheimer: Seite 16o., 17o.

Alle anderen Aufnahmen stammen vom Autor selbst bzw. aus seiner Sammlung.

LITERATURHINWEISE

Hans H. Heuser/Volker Renner: 50 Jahre Schubschifffahrt in Europa, 2007.
Vereinigung de Binnenvaart: 50 Jaar Duwvaart in West-Europa, 2007.
Hans Georg Prager: Zu Schiff durch Europa, 1988.

DIE SCHUBSCHIFFFAHRT IM MITTELRHEINGEBIET

„Sie schubsen und sie schieben", titelten die Zeitungen 1957, aber auch von „Drückern" war in einer Zeit des Umbruchs in der Rheinschifffahrt die Rede. Der allgemeine wirtschaftliche Aufschwung in den 1950er-Jahren hatte ein massives Personalproblem offenbart, das die Branche in arge Nöte zu bringen drohte. Die immer noch dominierenden Schleppzüge auf dem Rhein, Europas verkehrsreichster Wasserstraße, waren äußerst personalintensiv. Zwar brachte die Umstellung von Dampf getriebenen Schleppern auf solche mit Dieselmotoren eine gewisse Erleichterung durch Einsparung von Heizern, jedoch benötigte man zur Beförderung von z.B. 5.000 Tonnen Kohle in Lastkähnen immer noch bis zu 20 Mann an Schiffsbesatzungen. Vor allem die großen Reedereien suchten nach Lösungen. So wurde eine Expertenkommission in die USA entsandt, die dort das System der „Stoßschifffahrt" studieren sollte. Dieses System war auf den großen amerikanischen Strömen schon länger gebräuchlich und hatte sich bewährt. Die Aussicht, bis zu 10.000 Tonnen von Schüttgütern mit nur einem halben Dutzend Männern bewegen zu können, elektrisierte die Firmenmanager.

Allerdings traten alsbald Skeptiker und Kritiker auf den Plan, die bezweifelten, dass auf dem windungsreichen Rheinstrom solche „Tug-barges" manövrierbar sein würden. Versuchsfahrten sollten darüber Aufschluss geben – vor allem im Zusammenspiel mit den vielen Wasserfahrzeugen, die das Bild des Mittelrheins prägten, denn gerade hier spielte auch die Fähr- und Personenschifffahrt eine große Rolle. Im Frühjahr 1957 wurden die ersten Versuche angekündigt. Es war schließlich die französische Staatsreederei CFNR, die mit dem umgebauten Motorschlepper „President Herrenschmidt" auf den Plan trat. Die ersten Fahrten verliefen zufriedenstellend, im Mittelrheingebiet verfolgte die Rheinschifffahrts-Zentralkommission die Versuche mit großem Interesse. Hier sah man das Schubschiff mit drei Lastkähnen manövrieren, die insgesamt 4.200 Tonnen Ladegewicht beförderten. Eingehend studiert wurden die schwierigsten Dreh-, Stopp, Wende- und Rückwärtsmanöver, die zur allgemeinen Zufriedenheit erledigt werden konnten.

In der Zwischenzeit hatte eine deutsch-niederländische Firmengruppe mit dem „Wasserbüffel" die erste Neukonstruktion für die Schubschifffahrt in Dienst gestellt. Dazu waren spezielle Schubleichter angeschafft worden, die effektiver eingesetzt werden konnten als herkömmliche Lastkähne. Die Kritiker verstummten aber noch lange nicht, schließlich hatten die Traditionalisten der Rheinschifffahrt noch wenige Jahre zuvor zahlreiche Schlepper mit Dieselantrieb bauen lassen.

Vor allem die Franzosen waren die treibende Kraft bei der Durchsetzung der Schubschifffahrt auch auf dem Mittelrhein. Sie rüsteten das Boot „President Herrenschmidt" mit einer Radaranlage sowie drei Besatzungen aus, sodass man in der Lage war, Tag und Nacht zu fahren. Die Strecke Straßburg–Duisburg–Ruhrort–Straßburg wurde so in nur einer Woche zurückgelegt, was mit einem Schleppzug entsprechender Kapazität nicht möglich gewesen wäre. Es folgte der Umbau weiterer Motorschlepper wie „Paul Vidal" oder

„Lorient". Deutsche Firmen zogen nach, wie Fendel mit „Gottlieb Jäger" oder Stinnes mit „Rudolf Ohmann". Gleichzeitig lief Anfang der 1960er-Jahre ein ansehnliches Neubauprogramm an. Mehrere große Streckenschubboote mit bis zu 2.000 PS kamen ebenso in Fahrt wie kleinere Boote für die Nebenflüsse, vor allem die Mosel, die nach Vollendung des Ausbaus zur Großschifffahrtstraße 1964 von großer Bedeutung für die Franzosen werden sollte.

Das Jahrzehnt zwischen 1960 und 1970 war geprägt vom Nebeneinander der verschiedenen Fortbewegungsformen. Zwischen den langen Schleppzügen sah man mehr motorisierte Selbstfahrer, aber auch die sogenannten Koppelverbände. Viele dieser stark motorisierten Schiffe wurden so umgerüstet, dass sie einen Kahn nicht mehr zogen, sondern schoben. Zahlreiche Verlader forderten mehr modernen Schiffsraum statt der veralteten und personalintensiven Schleppschifffahrt. So gerieten selbst große Firmen, die zu lange an der Tradition festhielten, ins Hintertreffen. Die technische Entwicklung ermöglichte zudem in den 1970er-Jahren immer höhere Motorleistungen in den Schubschiffen, die so 10.000 Tonnen und mehr zügig und rationell fortbewegen konnten. Das galt vor allem für den Niederrhein und die Paradestrecke von Rotterdam ins Ruhrgebiet. Oberhalb Duisburgs dagegen nahm der Anteil der reinen Schubschifffahrt in den 1980er-Jahren immer mehr ab. Schnellere Koppelverbände und immer größere Motorschiffe gewannen die Oberhand. Bedeutende Reedereien wie Haniel, Raab Karcher, Stinnes und Lehnkering bauten ihre Kapazitäten mehr und mehr ab – und auch die große Schubbootflotte der französischen Staatsreederei wurde zusehends kleiner. Eine große Rolle dabei spielte auch die Globalisierung mit dem unaufhaltsamen Vormarsch der Containerschifffahrt mit fahrplanmäßigen Liniendiensten zwischen Rotterdam/Antwerpen und den Mittel- und Oberrheinhäfen.

Zwar werden immer noch Kohle, Erz und andere Schüttgüter in großen Mengen transportiert, aber auf der Mittelrheinstrecke teilen sich diesen Kuchen vor allem die Partikuliere, die mit leistungsfähigem Schiffsraum aufwarten können. Die Flaggen der einst dominierenden Reedereien sieht man kaum noch. Die reine Schubschifffahrt konzentriert sich auf den Niederrhein, wo das Tochterunternehmen Veerhaven des Thyssen-Krupp-Konzerns als einzige Firma in den letzten Jahren noch neue, große Streckenschubboote in Dienst gestellt hat. Gut aufgestellt ist dort auch die Imperial-Reederei, die kurz nach der Jahrtausendwende die Haniel-Flotte übernommen hatte. Hin und wieder sieht man eines dieser „Herkules"-Schubboote auf dem Mittelrhein. Komplett verschwunden sind die Schubboote der inzwischen privatisierten französischen Reederei CFNR. Viele der Boote sind verschrottet, manche fahren noch unter anderen Namen für Partikuliere oder sind nach Übersee verkauft, wie zuletzt „Victor Millet" nach Südamerika.

Die von Fachleuten und Kennern der Szene „Rheinbullen" genannten großen Schubboote mit bis zu 6.000 PS Motorleistung waren insofern würdige Nachfolger der großen Dampf-Räderboote und Dieselschlepper. Schade, dass sie am Mittelrhein (fast) ausgestorben sind, eine Wiederbelebung scheint in der modernen Binnenschifffahrt in weite Ferne gerückt.

Dieses Buch erhebt keinen Anspruch auf Vollständigkeit, sondern möchte einen Querschnitt der Vielfalt der eingesetzten Schubeinheiten auf dem Mittelrhein darstellen. Auf die Beschreibung technischer Details wurde weitgehend verzichtet, gleichwohl die Antriebsstärken der einzelnen Boote die Menschen am Fluss immer faszinierten.

1

VOM SCHLEPPEN ZUM SCHIEBEN

Wenn die Menschen in den 1950er-Jahren am Rhein vom stärksten Schleppboot auf dem Fluss sprachen, fiel stets der Name „Unterwalden". Geradezu ehrfurchtsvoll nannte man die 4.000 PS, die dieses Boot zu leisten vermochte. Kaum jemand wusste allerdings Bescheid darüber, welche Mühen es bereitete, diese Kraftentfaltung zu realisieren. Im gleichen Atemzug nannte man auch die „Uri" und „Schwyz", weitere Schweizer Schlepper mit rotem Schanzkleid, die es fast auf die gleiche Leistung brachten. Sie konnte man sich allerdings nicht als zum Schieben umgerüstete Einheiten vorstellen, zu sehr war das Schleppen von Kähnen in den Köpfen der Schifffahrtstreibenden verwurzelt. Aus dem fernen Amerika hörte man „Wunderdinge" über die dortige Schubschifffahrt mit für den Rhein unglaublichen PS-Zahlen und unvorstellbaren Transportleistungen. Dies in Einklang mit den hiesigen Verhältnissen zu bringen, war die große Aufgabe. Kaum jemand berief sich zu dieser Zeit auf die ersten Schubversuche in den 1930er-Jahren mit dem Boot „Uhu" auf der Donau, die zwar im Grunde nicht erfolglos waren, aber ohne Resonanz blieben. Zufällig erbrachte Schubleistungen in der Not der Kriegs- und Nachkriegszeit spielten ebenso keine Rolle.

1957 fanden schließlich die ersten Schubversuche große Beachtung und seitdem gilt dieses Jahr als das Geburtsdatum der Schubschifffahrt auf dem Rhein.

Noch in den Kinderschuhen steckte die Schubschifffahrt auf dem Rhein in den 1960er-Jahren. Trotzdem treffen sich auf diesem Foto schon zwei Generationen von Schubbooten: Der ehemalige Motorschlepper „Paul Vidal" (im Bild auf Talfahrt oben) und der Neubau „Krokodil" im Begegnungsverkehr an der Nahemündung vor Bingen.

1957 war es endlich so weit: Die ersten Versuchsfahrten mit einer Schubeinheit auf dem Mittelrhein konnten beginnen. Der umgebaute Motorschlepper „President Herrenschmidt“, Baujahr 1938, schob die zwei nebeneinander gekoppelten Lastkähne „Navis 3“ und „Navis 4“ gegen den Strom. Sie waren in Wesseling bei Köln mit Briketts beladen worden. Der Verband startete dort am 14. September 1957 und traf am 18. September in Straßburg ein. Begleitet von zahlreichen Experten und Neugierigen verlief diese erste Versuchsfahrt problemlos.

Zwei Bilder von ein- und demselben Schiff: „President Herrenschmidt“ noch als Motorschlepper an der Loreley – oben – mit zwei Motoren zu je 400 PS ausgestattet und nach zweimaligem Umbau als Schubschiff im Jahr 1972 bei Unterquerung einer Rheinbrücke. Das Boot wurde 1979 verschrottet.

Ein weiterer Umbau der französischen Staatsreederei CFNR betraf den 1950 in Cherbourg gebauten Motorschlepper „Orage“ – oben auf Talfahrt mit zwei Kähnen. Zunächst mit zwei Motoren zu je 300 PS ausgestattet, bekam das Boot nach der Umrüstung zum Schieben 1969 zwei Motoren zu je 750 PS. Die Schweizerische Reederei und Neptun AG kaufte das Boot 1977 und brachte es als „Glarus 2“ in Fahrt (siehe Seite 75).

Die 1944 für die deutsche Kriegsmarine gebaute und 1946 an die CGNR, Cie Generale pour la Navigation du Rhin in Strasbourg, abgegebene „Alsacien" – oben 1953 – gehörte mit einer 550-PS-Maschine zu den leistungsschwächeren Schleppbooten, wurde dennoch zum Schieben umgebaut und versah so noch viele Jahre ihren Dienst vor allem in den Häfen Gent und Antwerpen. Das untere Foto von ihr entstand 1974. 1975 wurde das Boot in den Niederlanden verschrottet.

Eines der am Mittelrhein bekanntesten Fahrzeuge der französischen Staatsreederei war die „Tempete". Gebaut 1950 als Motorschlepper – oben – in Cherbourg mit zwei Motoren zu je 320 PS, wurde sie im Jahr 1964 zum Schieben umgebaut. Die untere Aufnahme von ihr wurde 1966 gemacht. Danach erfuhr das Boot zahlreiche Modernisierungen. 1972 erhielt es die beiden Motoren des Schubbootes „R. Siegfried" zu je 950 PS.

In und um Koblenz im Einzugsbereich von Rhein und Mosel war die „Tempete“ eine bekannte Größe. Sie ist oben im Jahr 1979 beim Manövrieren am stationären Schleppkahn „Briey“ am rechten Rheinufer gegenüber Neuendorf zu sehen. Das untere Foto zeigt das Schubboot bei der Ausfahrt von der Mosel zum Rhein, aufgenommen vom Deutschen Eck im Jahr 1981.

Der 1938 auf der Werft De Biesbosch in Dordrecht/Niederlande gebaute Motorschlepper „Lorient“ – oben 1953 – mit einem 400-PS-Motor gehörte zu den ersten Umbauten zum Schieben (1958). Das untere Bild zeigt das Boot im Jahr 1974, kurz vor der Stilllegung.

Eines der großen Serien-Schleppboote der französischen Staatsreederei war „Paul Vidal“, ausgestattet mit drei Motoren zu je 800 PS, oben fotografiert im Jahr 1952. 1958 wurde das Boot zum Schieben umgebaut, später wurde es noch für die Fahrt auf dem Oberrhein um etwa 14 Meter verkürzt und 1975 verschrottet. Unten ist es 1969 bei der Fahrt durch das sogenannte Prinzensteiner Fahrwasser oberhalb Hirzenachs zu sehen.

Die Krupp-Reederei ließ 1955 auf der Ruhrorter Schiffswerft den Schlepper „Friedrich Janssen" – oben 1963 neben dem Schubboot „Corviglia" – mit zwei Motoren zu je 700 PS bauen, sie entschloss sich 1964 jedoch zum Umbau. Unten sieht man den Schubschlepper kurz vor dem Verkauf 1973 nach Belgien. Unter dem Namen „Schorpioen II" war das Boot noch bis 1979 gefahren, ehe es verschrottet wurde.

Die Reederei Fendel hatte nach dem Zweiten Weltkrieg noch zahlreiche Dampfschlepper im Einsatz, die aber nach und nach aus dem Verkehr gezogen wurden. Als Ersatz kam 1954 der Motorschlepper „Gottlieb Jaeger“ mit zwei Maschinen zu je 750 PS in Fahrt – oben ist er an der Loreley zu sehen. Er wurde 1959 zum Schieben umgerüstet, brannte 1970 auf dem Waal bei Zaltbommel aus und wurde 1971 abgewrackt.

Die Reederei Braunkohle mit Sitz in Wesseling setzte auf der Mittelrheinstrecke zahlreiche Schleppboote ein. Eines davon war „Braunkohle III“ – oben 1960 –, erbaut auf der Werft Berninghaus in Duisburg mit zwei Motoren zu je 600 PS. 1971 umgebaut zum Schieben und höher motorisiert auf 1.800 PS kam es unter dem Namen „Dauderle“ in Partikulierhand. 1973 wurde es umbenannt in „Rigi I“ – unten im Jahr 1975 sichtbar. Die Harpener Reederei erwarb das Schiff 1979 und nannte es fortan „Harpen 10“ (siehe Seite 113).

Ein weiteres Schleppboot für den Transport von Kohle und Briketts war „Braunkohle V", 1959 erbaut auf der Bayerischen Schiffswerft in Erlenbach/Main mit zwei Maschinen zu je 600 PS. 1969 umgerüstet zum Schieben – unten 1973 –, wurde es 1977 verkauft und in „KN II" umbenannt (siehe Seite 2 und 24).

Ein schönes Schleppboot war auch „Braunkohle VIII“, erbaut 1951 auf der Werft Ruthof in Mainz-Kastel mit 2 x 200-PS-Leistung – oben 1966. Im Jahr 1971 folgten die Umrüstung zum Schubboot und später die Höhermotorisierung auf 2 x 1.000 PS – unten im Jahr 1974. Doch 1984 wurde es zusammen mit dem Schubboot „Braunkohle 1“ stillgelegt und verschrottet.

Noch heute im Einsatz ist der ehemalige Schlepper „Braunkohle IX“, erbaut 1951 auf der Ruthof-Werft in Mainz-Kastel mit zwei Maschinen zu je 200 PS – oben 1966. 1969 wurde das Boot an die Firma Thiel in Neuwied verkauft, umgerüstet und höher motorisiert auf 2 x 580 PS sowie in „Thiel II“ umbenannt. Auf dem unteren Foto ist es 1976 bei St. Goarshausen zu sehen.

Noch einmal das Schubboot „Thiel II“, das im Mittelrheingebiet in erster Linie für den Transport von Sand und Kies eingesetzt wurde. Das Bild zeigt den Schubverband auf Bergfahrt bei Koblenz-Horchheim im Jahr 1974. Nach dem Verkauf fuhr das Boot noch unter verschiedenen Namen, zuletzt verstärkt auf der Donau (siehe auch Seite 77).

Auf einem weiteren Bild ist der Schubschlepper „KN II“ (ex: „Braunkohle V“) im Einsatz für die Bitran AG in Basel auf der Mittelrheinstrecke im Jahr 1979 zu sehen. Bald darauf, im Jahr 1983, wurde das Boot stillgelegt und anschließend verschrottet.

Die Reederei Harpen war am Mittelrhein bekannt wegen ihrer großen Radschleppdampfer mit den silbernen Kaminen. Aber auch einige Motorschlepper gehörten zum Schiffspark, so auch „Harpen V" – oben 1966 –, der 1925 auf der Ruthof-Werft in Mainz-Kastel als „Mainkette 10" mit einer 638 PS leistenden Dampfmaschine erbaut wurde. 1957 wurde er zunächst auf Dieselantrieb mit zwei Maschinen zu je 450 PS umgerüstet. Unten ist er nach dem Verkauf und der erneuten Umrüstung in Fahrt als „Thiel 1" 1975 zu sehen.

Einen beachtlichen Lebenslauf hat das Boot „Damco 17“ aufzuweisen. Gebaut wurde es 1923 auf der Ruthof-Werft in Mainz-Kastel für die Reederei Franz Haniel unter dem Namen „Maaskade“ mit einer 350 PS leistenden Dampfmaschine. Ab 1948 ging das in „Damco 17“ umbenannte Boot in Fahrt für die Damco-Reederei – oben 1952. 1955 wurde es mit einer Leistung von 590 PS auf Diesel ummotorisiert. Die untere Aufnahme zeigt es 1967 mit vier Schleppkähnen.

Nunmehr erneut umgebaut zum Schieben im Jahr 1968, ist „Damco 17“ oben im Einsatz im Hafen Koblenz-Wallersheim zu erkennen. Unten ist das von einer Rheinbrücke aus aufgenommene Boot in voller Fahrt im Jahr 1972 zu sehen. Nach dem Ende der Reederei Damco Mitte der 1970er-Jahre war das Schubboot noch unter verschiedenen Eignern und Namen wie „Milano“, „Roco“ und „Roma“ bis 1999 im Einsatz. Es überstand dabei auch eine schwere Havarie im Jahr 1987.

Mit dem Bau des Motorschleppers „Ajax“ wurde schon zu Kriegszeiten auf der Ruthof-Werft in Regensburg begonnen. Vollendet wurde er jedoch erst 1954 auf der Ruthof-Werft in Mainz-Kastel, nachdem die Reederei Raab Karcher ihn erworben hatte. Er verfügte über zwei Maschinen zu je 1.000 PS und gehörte damit zu den größeren Einheiten dieser Gattung auf dem Rhein – oben bei Koblenz-Neuendorf 1963. 1964 wurde er zum Schieben umgerüstet, das untere Bild zeigt ihn 1976 (siehe Seite 66).

Ältere Fahrensleute werden sich noch an die Reederei De Gruyter aus Duisburg erinnern, die in der Schleppschifffahrt sehr aktiv war. Kurz vor Beginn der Schubschifffahrt ließ die Firma 1956 noch den 1.200 PS starken Schlepper „De Gruyter Nr. 10“ mit dem Beinamen „Ernst Deubert“ bauen – oben 1964. Ende der 1960er-Jahre wurde er verkauft und unter dem Namen „Büffel“ zum Schieben umgebaut. 1986 war er als „Norwella“ – unten – vorwiegend in Belgien im Einsatz, heute fährt er unter dem Namen „Brendan“.

Auf der Ruthof-Werft in Mainz-Kastel wurde 1962 das Schubboot „Otter“, hier 1974, mit zwei Maschinen zu je 460 PS gebaut. Es fuhr für die Reederei Raab Karcher und trug vorübergehend auch den Namen „Arthur Gille“. 1977 wurde es verkauft und in „Ruhr III“ umbenannt (siehe Seite 69).

Ebenfalls ein Ruthof-Bau war das Schubboot „Biber“ der Reederei Raab Karcher, hier 1967. Ausgestattet mit zwei Motoren zu je 380 PS, kaufte es die Reederei Gertges in Duisburg 1972 und nannte es in „Gertges I“ um. Das Boot hatte viele Jahre seinen Dienst vornehmlich als Hafenschuber in Ruhrort versehen, ehe es 1997 verschrottet wurde.

2

PARALLELWELTEN

Die 1960er-Jahre waren auf dem Rhein geprägt vom Nebeneinander der verschiedenen Formationen zum Transport von Massengütern. Hier die immer noch teilweise bis zu einem Kilometer langen Schleppzüge, schwerfällig und wenig rationell. Darüber hinaus mussten sie in der sogenannten Gebirgsstrecke zwischen Bad Salzig und Bingen geteilt werden, um die windungsreichen Abschnitte meistern zu können. Dazwischen die flinkeren Fracht- und Tankschiffe, immer besser und höher motorisiert. Die Schubschifffahrt suchte da noch ihren Platz im Wettbewerb, nur zögerlich erwarb sie Anteile am Transportaufkommen. Während die CFNR, Compagnie Francaise de Navigation Rhenane, verstärkt auf diese Sparte setzte und zahlreiche Neubauten in Fahrt brachte, hielten sich große Reedereien wie die „Roten Schweizer", Damco, Fendel, Stinnes oder Haniel, zunächst zurück.

Zum Ende des Jahrzehnts aber war die Zeit des Schleppens vorbei – wer trotzdem immer noch daran festhielt, geriet ins Hintertreffen. Lastkähne wurden vermehrt stillgelegt oder sogar motorisiert, wenn genügend Substanz vorhanden war. Neue und leistungsfähige Schubleichter ersetzten die zum Schieben umfunktionierten Fracht- und Tankkähne. In immer kürzeren Abständen kamen auch neue Schubboote in Fahrt.

Eine Begegnung zweier Schiffsgenerationen: Der erste Schubboot-Neubau „Wasserbüffel" trifft das letzte noch bis 1967 im aktiven Einsatz befindliche Dampf-Räderboot „Raab Karcher XIV – Oscar Huber". Der Schuber ist inzwischen verschrottet – den Dampfer kann man noch als Museumsschiff in Duisburg bewundern.

Dieser Moment musste festgehalten werden: die erste Fahrt des „Wasserbüffel" vorbei an der Loreley 1957. Zuvor hatte das Boot schon Versuchsfahrten auf dem Niederrhein erfolgreich absolviert. Mit zwei Maschinen zu je 630 PS war das Leistungsvermögen gegenüber den stärksten Rheinschleppern mit bis zu 4.000 PS noch eher bescheiden. Später wurde der Schuber höher motorisiert und mehrfach umbenannt (siehe Seite 70).

Nach dem „Wasserbüffel“ war das „Nashorn“ 1959 auf der Ruthof-Werft in Mainz-Kastel einer der nächsten Neubauten mit zwei Maschinen zu je 630 PS für Raab Karcher. Oben ist das Boot im Jahr 1960 zu sehen bei einer Begegnung mit dem Räderboot „Braunkohle XV – Friedrich Haschke“ an der Loreley. Unten fuhr das Schubboot im Jahr 1974 schon für die Veerhaven-Reederei, 1976 wurde es dann in „Veerhaven IV“ umbenannt (siehe Seite 68/69).

Ein besonderes Schubboot ist „René Siegfried", erbaut 1962 auf der Werft De Biesbosch mit einem Leistungsvermögen von 2 x 950 PS. 1971 wurde es auf 2 x 1.600 PS höher motorisiert. Es existiert heute noch als Museumsschiff der Vereinigung de Binnenvaart und liegt in Dordrecht, wo man es besichtigen kann (siehe Seite 122). Hier ist es 1984 beim Manövrieren vor Schloss Stolzenfels zu sehen.

Eine Meisterleistung ist die Passage der sogenannten Gebirgsstrecke an der Loreley mit einem Viererschubverband rheinabwärts. Dem Schiffsführer des Schubbootes „Marseille" der französischen Staatsreederei CFNR gelang dies, wie auf den beiden Bildern aus dem Jahr 1978 zu sehen, bravourös. Das Boot wurde 1963 auf der Werft De Biesbosch in Dordrecht erbaut und verfügte über zwei Maschinen zu je 950 PS. Später wurde es höher motorisiert auf 3.200 PS und 1992 verschrottet.

Noch einmal das Boot „R. Siegfried“, diesmal mit vier Leichtern auf Talfahrt vorbei an der Loreley, aufgenommen im Januar 1986. Im Jahr 1989 war es nach Nierstein verkauft worden und hatte dort 15 Jahre lang als Restaurant- und Museumsschiff gelegen, ehe es 2004 nach Dordrecht überführt wurde.

Ein besonderes Manöver für jeden Schubboot-Kapitän: die Einfahrt vom Rhein zur Mosel am Deutschen Eck. Im Juni 1982 schaffte es die „Strasbourg“ im Viererverband problemlos. Dieses Boot wurde 1966 mit einer Leistung von 2 x 950 PS erbaut, später höher motorisiert auf 2 x 2.000 PS. Seit 1991 dient es als Museumsschiff in Strasbourg (siehe Seite 105 und 122).

Bereits 1961 wurde das Schubboot „Lyon“ bei De Biesbosch in Dordrecht mit drei Maschinen zu je 730 PS erbaut. Hier manövriert es im Juli 1978 unterhalb von Koblenz. 1984 wurde die „Lyon“ zur Loire-Mündung überführt und im Bereich der Stadt Nantes als „Val d'Europe“ eingesetzt, 2009 wurde sie abgewrackt.

Das Foto der „Colmar“ wurde im Juli 1979 im Bereich der Moselmündung in Koblenz aufgenommen. Das Boot wurde 1971 ebenfalls bei De Biesbosch erbaut und mit zwei Maschinen zu je 950 PS ausgestattet. Später höher motorisiert auf insgesamt knapp 2800 PS, wird es seit 2004 auf der Donau eingesetzt.

Eine der kleineren Einheiten der CFNR war die „Nancy", erbaut 1965 ebenfalls in Dordrecht mit zwei Motoren zu je 670 PS. Sie wurde auch auf der Mosel verwendet, hier ist sie 1978 bei der Ausfahrt zum Rhein am Deutschen Eck in Koblenz zu sehen. Schon 1993 wurde das Boot stillgelegt und 1996 verschrottet.

1964 ist das Baujahr der „Metz", einem weiteren kleineren Schubboot der CFNR mit gleicher Motorenausstattung wie „Nancy", hier 1970 bei Kaub. Ein schlimmer Unfall ereilte die „Metz" 1982 auf der Mosel, wobei sieben Besatzungsmitglieder ums Leben kamen. 1987 wurde das Boot umbenannt in „Dilling" und 1993 verschrottet.

Das Schubboot „Stoos“ der Baseler Reederei AG (BRAG) wurde 1961 auf der Rheinwerft Mainz-Mombach mit zwei Maschinen zu je 1.050 PS erbaut. Es versah seinen Dienst in erster Linie mit dem Transport von Tankschubleichtern in die Schweiz. Das Boot ist unten an der Oberrhein-Schleuse Ottmarsheim zu sehen. 1968 wurde es zur Seine überführt und in „Aurochs“ umbenannt, kam aber schon bald zurück zum Rhein und unter dem Namen „Stormvogel“ in Fahrt (siehe Seite 41).

Die große holländische Reederei Phs. Van Ommeren gehörte zu den Pionieren der Tankschifffahrt auf dem Rhein. Nachdem man viele Jahre an der Schleppschifffahrt mit großen Einheiten festgehalten hatte, investierte man schließlich in die Schubschifffahrt. Dazu gehörte vor allem der 1971 bei De Biesbosch in Dordrecht gebaute „Watervogel" mit einem Leistungsvermögen von über 3.000 PS. Oben ist er 1979 am Geisenrücken, unten bei Koblenz-Neuendorf zu sehen. Das Boot wurde 1984 verkauft und in „Borgir" umbenannt (siehe Seite 100).

Das Schubboot „Duwvogel“ – hier 1981 bei Koblenz – kam 1968 zur Tankreederei Van Ommeren. Es wurde 1962 auf der Schiffswerft Oberwinter für die Baseler Reederei AG unter dem Namen „Corviglia“ gebaut (siehe Seite 74). 1981 wurde es weiterverkauft und erhielt seinen ursprünglichen Namen zurück. Verstärkt in Antwerpen/Rotterdam eingesetzt, wurde es 1997 verschrottet.

Das Schubboot „Stormvogel“, hier 1980 bei Urbar, war bereits das Zweite unter diesem Namen für die Reederei Van Ommeren. Es wurde als „Stoos“ erbaut (siehe Seite 39) und versah seinen Dienst bis 1982 für die holländische Firma. Danach kam es unter dem Namen „Barzabel“ vornehmlich in Belgien zum Einsatz und wurde 1997 verschrottet.

Zu den kleineren Einheiten bei Van Ommeren zählte das Boot „Kraanvogel“ – hier 1976. Erbaut 1975 auf der holländischen Werft van Duijvendijk in Alphen/Rijn, verfügte es über eine Leistung von 1.800 PS. Seit 1985 ist es nach dem Verkauf unter dem Namen „Aqua-Team“ zuletzt verstärkt auf der Donau im Einsatz.

Das kleinere Schubboot „Waterhoen“, hier 1974, wurde 1972 auf der Deltawerft in Sliedrecht/Niederlande mit zwei Maschinen zu je 500 PS gebaut. Bereits 1978 wurde es weitergegeben an die Reederei Chemgas, an der die Firma Van Ommeren beteiligt war, und in „Tolo“ umbenannt. Seit 1999 wird es unter dem Namen „Protrans I“ verwendet.

Die Reederei Chemgas benannte ihre Schubboote nach bekannten Vulkanen auf der ganzen Welt. Eine der größeren Einheiten war der „Vatna“, gebaut 1966 im belgischen Rupelmonde mit zwei Maschinen zu je 635 PS. Auf den Bildern ist die Schubeinheit mit zwei Gastankleichtern in Spargelformation im Herbst 1980 bei der Durchfahrt durch das „Prinzensteiner Fahrwasser“ bei Hirzenach zu sehen. Ab 1994 wurde das Boot unter dem Namen „Savanna II“ eingesetzt und findet heute stillgelegt Verwendung als Clubheim in Sas van Gent/Belgien.

Das 1967 auf der Schiffswerft Lambrechts in Boom/Belgien gebaute Schubboot „Etna" war von gleicher Bauart wie „Vatna" mit einem Leistungsvermögen von insgesamt 1.270 PS – hier 1985. 2002 wurde es verkauft und in „Auriga" umbenannt. Seit einigen Jahren ist es auf der Donau für die Danu-Transport GmbH in Wien im Einsatz.

Als drittes „Vulkan-Boot" dieser Serie ist auch im Jahr 2012 noch der „Hekla" für Chemgas in Fahrt. im Sommer 1979 passierte die 1967 auf der Werft St. Pieter in Hemiksem/Belgien gebaute Einheit die Pfalz bei Kaub auf Talfahrt.

Die Nederlandsche Rijnvaartvereeniging (NRV) war die größte Reederei in unserem Nachbarland. Schon früh stieg man ins Geschäft mit der Schubschifffahrt ein und brachte 1959 das auf der Werft L. Smit in Kinderdijk erbaute Boot „Olivier van Noort" mit zwei Motoren zu je 750 PS in Fahrt – oben sichtbar. Im Zuge der Zusammenlegung von NRV und der Reederei Vulcaan entstand die EWT, Europe Waterweg Transporten. So bekam dieses Boot 1968 den Namen EWT 101, unten im Jahr 1976 zu sehen. Es wurde 1984 verkauft und unter verschiedenen Namen bis zur Verschrottung 1993 weiter betrieben.

Als zweites NRV-Schubboot erbaute dieselbe Werft wie „Olivier van Noort" mit identischer Ausstattung 1961 „Jacob van Heemskerck", oben. 1968 wurde das Boot umbenannt in EWT 102, hier 1974. Nach dem Verkauf 1983 fuhr der Schuber einige Zeit unter seinem ursprünglichen Namen, wechselte dann noch einige Male Eigner und Namen, eher er 1991 ausgemustert und verschrottet wurde.

Die zu Thyssen gehörende Reederei Vulcaan brachte im Jahr 1960 das auf der HVO-Werft in Vlaardingen erbaute Boot „Vulcaan I" mit zwei Motoren zu je 750 PS in Fahrt, hier oben zu sehen. 1968 wurde es in EWT 103 umbenannt und erhielt den Beinamen „Abel Tasman" – unten im Jahr 1974 zu erkennen. Nach dem Verkauf 1977 war es noch einige Jahre unter dem Namen „Pelikan" verstärkt auf dem Mittelrhein im Einsatz (siehe Seite 49), 1983 wurde es abgewrackt.

„Vulcaan II“ wurde das zweite Boot der gleichnamigen Reederei 1962 auf der Werft Piet Hein in Papendrecht mit zwei Maschinen zu je 900 PS erbaut – oben erkennbar. Es wurde im Zuge der EWT-Gründung in „EWT 104“ mit dem Beinamen „Cornelis de Houtman“ umbenannt. Das untere Bild zeigt es 1973. Im Jahr 1978 wurde der Schuber verkauft (siehe die folgenden Seiten).

Zu den Raritäten auf dem Mittelrhein gehörten große Schubboote, die Privatschiffer führten, wie der „Pelikan"(ex: „EWT 103"), hier 1980 bei Koblenz-Neuendorf. Man fragte sich, wo der unter dem Schiffsnamen aufgemalte Heimatort Röllbach liege – nämlich im Spessart unweit Klingenbergs am Main. Bis Anfang 1983 war das Boot in Betrieb geblieben, ehe es verschrottet wurde.

Unter Schweizer Flagge kam das Schubboot „Cycloon" (ex: „EWT 104") ab 1978 in Fahrt, hier zu sehen auf dem Niederrhein bei Düsseldorf. Nach nur einem Jahr wurde es weitergegeben an die Rheinstadt AG in Basel und in „Rheinstadt 5" umbenannt (siehe folgende Seite).

Mehrere Schubboote hatte Ende der 1970er-Jahre die Rheinstadt AG Basel in Betrieb. Das größte war „Rheinstadt 5“ mit einem Leistungsvermögen von 2.440 PS. Hier ist es im Herbst 1979 bei Koblenz-Neuendorf zu erkennen. 1982 wurde es umbenannt in „Mosel“ (siehe Seite 108).

Zur Rheinstadt-Flotte gehörte auch die Nummer 3, auf dem Bild 1980 unterhalb von Koblenz im Einsatz. Das Schubboot wurde 1971 auf der VEB-Yachtwerft in Ost-Berlin erbaut unter dem Namen „Marimoto-Schub 3“ mit zwei Motoren zu je 390 PS für den West-Export. 1981 wurde es umbenannt in „Saar“ (siehe Seite 108).

Zu den spektakulärsten Neubauten der 1960er-Jahre gehörte zweifellos „Braunkohle 1". 1967 auf der Schiffswerft Hilgers in Rheinbrohl erbaut, war es mit seinen zwei Motoren von je 850 PS etwas schwach ausgestattet. 1974 wurde das Boot verlängert und verbreitert, um Platz zu schaffen für eine dritte Maschine, sodass nun eine Leistung von insgesamt 3.600 PS zur Verfügung stand. Unverwechselbar wurde es aufgrund eines Periskops auf dem Steuerhaus. Schon 1984 wurde „Braunkohle 1" aus dem Verkehr gezogen und verschrottet.

Die Harpener Reederei war – wie erwähnt – sehr aktiv am Mittelrhein. In den Jahren 1971/72 gab man drei typengleiche Schubboote bei der Rheinwerft Mainz-Mombach in Auftrag. „Harpen 1“ wurde mit zwei Maschinen zu je 1.080 PS ausgestattet, hier 1980 bei Koblenz. Nach dem Verkauf fuhr der Schuber ab 1990 unter den Namen „Rhein“, „Galaxy“, „Bryan“ und „Matricaria“.

„Harpen 2“ ist hier in Koblenz am Deutschen Eck bei der Einfahrt in die Mosel zu sehen. Das Boot war mit zwei Maschinen zu je 930 PS etwas schwächer motorisiert und wurde häufiger auf der Mosel eingesetzt. Es ist noch heute im Einsatz, hieß nach dem Verkauf 1990 erst „Saar“ und dann „Orca“ (siehe auch Seite 113).

„Harpen 11“ wurde 1968 auf der Vahali-Werft in Gendt/Niederlande unter dem Namen „Wijgula 68“ für die gleichnamige Reederei erbaut, ging 1973 an die Schweizer Rigi-Reederei und kam 1980 zu Harpen, hier ist es 1981 in Andernach zu sehen. Mit dem Ausverkauf der Harpener Flotte wurde das Boot „Shadow“ genannt. Heute wird es auf der unteren Donau unter rumänischer Flagge eingesetzt.

Das Schubboot „Harpen 14“ mit dem Beinamen „Thaddeus“, hier 1980 vor Andernach, entstand 1979 auf der Domaco-Werft in Heeselt/Niederlande mit 2.240 PS. Es war nur kurze Zeit in Charter für Harpen, dann als „Heerwijk“ und „Hunter“ weiter auf dem Rhein gefahren, ehe es 1985 zur Donau verkauft wurde und als „Zlatibor“ unter die Flagge Jugoslawiens, heute Serbiens, kam.

Eine große Schubboot-Flotte besaß die heute zum Imperial-Konzern gehörende Duisburger Reederei Lehnkering. „Lehnkering 12" – hier 1977 – wurde 1966 auf der Rheinwerft Walsum mit zwei Motoren zu je 515 PS erbaut. Eine Zeit lang fuhr das Boot nach dem Verkauf unter dem Namen „Spartacus" in Lehnkering-Farben, heute wird es in Belgien verwendet.

Eine Winter-Impression aus dem Jahr 1985 zeigt das Schubboot „Lehnkering 18" mit dem Beinamen „Köln" bei Koblenz. Erbaut 1972 auf der Sietas-Werft in Hamburg als „Elb-Baas" für die Reederei Eckelmann, verfügte es über zwei Maschinen zu je 800 PS. Heute noch ist es unter dem Namen „Wodan" vornehmlich auf der Donau im Einsatz.

Auf der Hilgers-Werft in Rheinbrohl entstand der Neubau „Lehnkering 108“, hier bei der Werftprobefahrt 1964. Später umbenannt in „Lehnkering 11“ mit dem Beinamen „Frankfurt“, war der Schuber mit knapp 1.000 PS motorisiert. Nach dem Verkauf 1986 sah man ihn noch vielfach auf dem Rhein unter wechselnden Eignern und Namen, seit 2007 ist er in Liverpool stationiert.

„Lehnkering 16“ ist das einzig verbliebene Schubboot dieser Firma, das heute noch weitgehend unverändert in Fahrt ist. Wie hier im Januar 1986 bei Koblenz, kam es nur selten zum Mittelrhein. Gebaut wurde es 1972 mit dem Beinamen „Duisburg“ auf der Rheinwerft in Walsum mit zwei Maschinen zu je 1600 PS, später höher motorisiert auf 2 x 2.000 PS.

Ein weiterer Neubau auf der Hilgers-Werft in Rheinbrohl war 1969 „Lehnkering 15“ mit dem Beinamen „Leverkusen“ mit zwei Maschinen zu je 1.300 PS. Wie auf den beiden Bildern von der Loreley im Sommer 1985 ersichtlich, war die Transportleistung mit zwei Schubleichtern nicht gerade üppig und somit wenig rentabel. So hatten solche Fahrten in der Folge Seltenheitswert (siehe Seite 94).

Jahrelang eine bekannte Größe auf dem Mittelrhein war das Schubboot „GEFO Hamburg“, hier 1973 bei Bacharach. Es wurde 1970 auf der Rheinwerft in Duisburg-Walsum erbaut und verfügte über zwei Motoren zu je 1.100 PS. 1985 wurde es an die DDSG in Wien verkauft, in „Tulln“ umbenannt und zur Donau überführt.

Rheinstahl hatte Anfang der 1960er-Jahre die Reederei J. Schürmann mit zahlreichen Schleppern und Kähnen übernommen. 1972 entstand das Schubboot „Rheinstahl II“ mit drei Motoren zu je 1.250 PS – hier 1974. Der Schuber kam dann zur Veerhaven-Reederei, wurde in „Titan“ umbenannt, später verkauft und kam als „KN III“ in Fahrt (siehe Seite 71).

Hippolyte Bloch

Viel Verkehr herrschte am 28. Mai 1978 auf dem Rhein bei Kestert. Erst kurz zuvor war die Schifffahrt nach einer Hochwasser-Sperre wieder freigegeben worden. Das Schubboot „Hippolyte Bloch", hier im Viererverband in Richtung Oberrhein unterwegs, wurde 1998 verschrottet.

Vier beladene Leichter drückt „Victor Millet" hier im Sommer 1979 in die Moselmündung am Deutschen Eck in Koblenz. Das Schubboot wurde 1972 auf der Werft De Biesbosch in Dordrecht mit einem Leistungsvermögen von 4.800 PS erbaut (siehe Seite 106) und fährt seit 2011 in Paraguay auf dem Rio Parana unter dem Namen „Donna Elviera".

◄ Nur bis Koblenz ist die Fahrt gegen den Strom mit sechs Schubleichtern erlaubt. 1978 versuchte sich das Schubboot „Hippolyte Bloch" in der seltenen 2 x 3-Formation. Wenn in der 6er-Fahrt geschoben wurde, dann eher in der 3 x 2er-Formation. Das 1971 auf der Werft De Biesbosch erbaute Boot war mit 4.800 PS schon sehr gut motorisiert, später bekam es 5.400 PS.

Die Reederei Franz Haniel gehörte zu den traditionsreichsten Unternehmen der Rheinschifffahrt. Auch sie hielt lange an der Schleppschifffahrt fest. Das 1972 in Woubrugge/Niederlande gebaute Schubboot „Franz Haniel 10", hier 1973, mit zunächst 1.800 PS Leistungsvermögen wurde schon bald verlängert und auf 3.400 PS höher motorisiert (siehe Seite 88).

Eine Besonderheit in der Anfangszeit der Schubschifffahrt war das Boot „Herkules" der Krupp-Reederei, hier 1966. Es wurde im Jahr 1959 auf der Ruhrorter Schiffswerft zusammengestellt und verfügte über zwei Motoren von je 620 PS. Schon 1971 schied es aus dem aktiven Dienst aus und wurde zum Kantorschiff in Antwerpen umfunktioniert.

Ein besonderes Gastspiel gaben die drei großen Schubboote der Elbe-Reederei bis Anfang der 1980er-Jahre auf dem Mittelrhein. Sie versorgten die Ölmühlen in Mannheim mit Nachschub an Ölfrüchten. Die „Hammonia", hier 1977, wurde 1971 auf der Oelkers-Werft mit zwei Motoren zu je 1.125 PS erbaut, 1978 verkauft und in „Franz Haniel 9" umbenannt (siehe Seite 86).

Viele Jahre galt die „Wiking", hier 1978, als PS-stärkstes Schubboot auf dem Rhein. Das maximale Leistungsvermögen lag bei 6.600 PS, jedoch waren die drei Motoren auf jeweils 1.800 PS, also insgesamt 5.400 PS, gedrosselt. Erbaut wurde sie 1974 auf der Werft De Biesbosch in Dordrecht, 1978 wurde sie verkauft und in „Veerhaven IV" umbenannt (siehe Seite 99).

Bei Hochwasser schiebt die „Hanseat“ 1983 einen Viererverband an Koblenz vorbei gegen den Strom, aufgenommen von der Festung Ehrenbreitstein. Das Schubboot wurde 1972 auf der

Rheinwerft in Walsum erbaut und mit drei Motoren zu je 1.125 PS ausgestattet. Schon kurze Zeit nach dieser Aufnahme wurde es verkauft und in „Lehnkering 19“ umbenannt (siehe Seite 96/97).

Bei einem beachtlichen Sommerhochwasser 1980 schiebt das ein Jahr zuvor gebaute Schubboot „Franz Ohlrogge“ bei Urmitz seine Fracht in Richtung Koblenz. Für einige Jahre war das Boot der Ohlrogge GmbH aus Bremen mit einem Leistungsvermögen von 900 PS stets im Mittelrheingebiet präsent. Seit dem Verkauf 1984 verkehrt es vornehmlich in Holland.

1979 entstand diese Aufnahme der „Wilhelmina“ im Hafen Brohl. Als Schleppboot 1923 mit einer Dampfmaschine gebaut, wurde es häufig umgebaut und 1974 zum Schieben umgerüstet. Nach einigen Namens- und Eignerwechseln wird es heute noch eingesetzt. Im Hintergrund ist die Hilgers-Werft zu erkennen, in der die „Stolzenfels“ fertiggestellt wird.

3

DIE BLÜTEZEIT BEGINNT

Anfang der 1970er-Jahre waren kaum noch große Schleppzüge auf dem Rhein unterwegs. Der 1959 gebaute „Alexander von Engelberg – Damco 21“ gilt als letzter seiner Zunft, der bis 1973 noch regelmäßig auf dem Mittelrhein verkehrte. Jetzt schlug die Stunde der großen Schubboote, der sogenannten „Rheinbullen“ – und endlich wurden die 4.000 PS der „Unterwalden“ als stärkstem Schleppboot auf dem Rhein übertroffen, denn die Entwicklung der Motoren ließ es zu, jetzt drei Maschinen mit einem Leistungsvermögen von bis zu 2.000 PS je Antrieb zu installieren. Schon versuchten sich die Reedereien in der Sechser-Fahrt, d.h. ein Boot schob bis zu sechs Leichter mit insgesamt mehr als 10.000 Tonnen Ladung. Das war aber nur möglich bei bestimmten Wasserständen und auf dem Mittelrhein auch nur unterhalb von Koblenz. Für die französische Staatsreederei war das aber interessant, denn am Zusammenfluss von Rhein und Mosel lag das Zentrum ihrer Aktivitäten, hier wurden die Schubverbände für die Fahrt zum Oberrhein oder zur Mosel geteilt. Immer stärker kamen die Koppelverbände auf, das war in der Regel ein leistungsfähiges Motorschiff mit eigenem Laderaum, dem ein Leichter vorgekoppelt war. Wer nicht in große Schubboote investierte, versuchte sich in dieser Sparte. Das taten fast alle großen Unternehmen der Rheinschifffahrt, aber vermehrt auch Partikuliere.

Das Schub-Schleppboot „Logi“ der Nederlandschen Rijnvaart Vereeniging gehörte zu einer Serie moderner Motorschlepper, die 1956/57 mit 600-PS-Motoren aufgelegt wurde. In Schifferkreisen waren die Boote als „Donald Duckies“ bekannt. Zum Schieben waren sie weniger geeignet – schon bald verschwanden sie vom Rhein. Einige, auch „Logi“, wurden nach Singapur verkauft.

Das Schubbot „Ajax“ (siehe Seite 28) versah seinen Dienst bis 1968 für die Reederei Raab Karcher. In den 1970er-Jahren war es vornehmlich für die Reederei Veerhaven im Einsatz gewesen, ehe es 1978 verschrottet wurde.

Aus dem Jahr 1971 stammt diese Aufnahme des Schubbootes „Krokodil“. Zu der Zeit setzte es die Reederei Veerhaven auch für Fahrten zum Oberrhein ein. Ab 1974 fuhr es unter dem Namen „Richard G sr“ (siehe folgende Seite).

Ein vertrauter Anblick war das Boot „Richard G sr“ im Mittelrheingebiet in den 1970er-Jahren, hier ist es rechts 1978 bei St. Goarshausen zu erkennen. Inzwischen mit zwei Maschinen zu je 860 PS höher motorisiert, ist es noch heute unter dem Namen „Bondar“ – im Bild vor der Erpeler Ley – unterwegs.

Auf Seite 33 ist das „Nashorn“ bereits beschrieben worden, auf dem oberen Bild ist das Boot mit zwei Leichtern sowie einem Lastkahn auf Talfahrt bei Wesel hinter einer Schubformation in der sogenannten „Schwalbenschwanzformation“ zu sehen. Schubverbände in diesen Formationen waren auf dem Mittelrhein eher selten. 1976 wurde das „Nashorn“ in „Veerhaven IV“ umbenannt, 1978 an die Schweizer Otrano AG verkauft, für die es als „Condor“ in Fahrt kam (siehe nächste Seite oben).

Das Schubboot „Condor" ist hier im August 1986 unterhalb von Koblenz zu sehen. Jetzt wurde es öfter mit Tankschubleichtern für Fahrten zum Oberrhein eingesetzt. Das Schicksal meinte es nicht gut mit dem Boot, das aus ungeklärter Ursache 1988 ausbrannte und anschließend verschrottet wurde.

Das auf Seite 30 bereits gezeigte Schubboot „Otter" wurde 1977 an die Rhein Ruhr Schiffsgemeinschaft in Duisburg verkauft und als „Ruhr III" verstärkt im Hafenbetrieb eingesetzt, hier 1988. Am Mittelrhein wurde es erst wieder wahrgenommen, als es zur Donau überführt wurde, wo es heute noch unter dem Namen „Aries" im Einsatz ist.

Der „Wasserbüffel“ war der erste Neubau eines Schubbootes auf dem Rhein und markierte somit einen Meilenstein in der Geschichte der Rheinschifffahrt. Nach dem Verkauf sah man das Boot viele Jahre unter dem Namen „Karbouw“, oben im Jahr 1989. 1991 wurde es weiterverkauft und in „Expres“ umbenannt, unten im Jahr 1992 zu sehen. 1998 kam das Aus, die Aufbauten finden heute noch Verwendung als Wohnschiff in Dinteloord/Niederlande, der Rest ist verschrottet.

Einer der ersten Neubauten war auch das Boot „Nijlpaard“ des Raab Karcher-Tochterunternehmens SEAM, das vorwiegend im Raum Antwerpen Verwendung fand. Ab 1973 stand es in Diensten der Firma KN. Als „KN I“ mit dem Beinamen „Michella“, hier 1982, war das Boot lange Zeit auf dem Mittelrhein präsent. Es wurde 1990 abgewrackt.

Das auf Seite 57 beschriebene Boot „Rheinstahl II“ stand in den 1970er-Jahren in Diensten der Veerhaven-Reederei und trug den Namen „Titan“, später „Veerhaven V“. 1981 kam es zur KN-Flotte und wurde in „KN III – Curt Noel“ umbenannt. Hier ist es bereits abgestellt auf dem Schiffsfriedhof in Moerdijk/Niederlande 1991, kurze Zeit später wurde es verschrottet.

Das holländische Tochterunternehmen Amstelland der Wesselinger Reederei Braunkohle brachte 1970 das Schubboot „Oranje 1“ mit drei Motoren zu je 1.000 PS in Fahrt – oben 1982 bei Koblenz-Kesselheim festgehalten. Später höher motorisiert auf insgesamt 3.600 PS, wurde das Boot 1986 verkauft und in „KN II“ mit dem Beinamen „Dominique“ umbenannt. Das untere Bild zeigt es im Jahr 1988 (siehe nächste Seite).

Zwei weitere neue Namen erhielt der ehemalige „Oranje 1“: Ab 1990 hieß dieses formschöne Boot zunächst „Alligator“ und fuhr zeitweise unter Luxemburger Flagge, oben im Jahr 1992 zu erkennen. 1994 war es weiterverkauft worden und war als „Gavialis“ noch bis 1996 gefahren, bevor es abgewrackt wurde. Die untere Aufnahme zeigt das Boot 1995 bei Neuwied.

Eine Seltenheit war der Auftrag zum Bau eines großen Schubbootes für die Schiffswerft Oberwinter am Mittelrhein. So wurde 1962 die „Corviglia“ für die BRAG-Tankschiffahrt AG in Basel gebaut, der erste Schweizer Neubau dieses Schiffstyps. Mit drei Motoren zu je 1.200 PS war das Boot für diese Zeit schon sehr gut motorisiert. Beide Bilder entstanden Mitte der 1960er-Jahre an der Loreley. Es wurde 1968 an die Reederei Van Ommeren abgegeben und in „Duwvogel“ umbenannt (siehe Seite 41).

Die Schweizer Reederei und Neptun AG (SRN) tat sich lange Zeit schwer mit der Schubschifffahrt. Man brachte einige Koppelverbände in Fahrt, größere Schubboote wurden aber nicht angeschafft. Einzig die „Glarus 2“ (ex: „Orage“ – siehe Seite 12) füllte ab 1977 diese Lücke. Das Boot war vielfach auf dem Oberrhein im Einsatz, kam aber auch zum Mittelrhein, wie auf dem oberen Bild 1988 bei Bendorf und unten 1989 mit drei Leichtern bei Weißenthurm. 1997 wurde es verschrottet.

Das Schubboot „Rudolf Ohmann“ war nach Aussagen einer der früheren Kapitäne ein nicht leicht beherrschbares Fahrzeug. 1954 auf der Werft Berninghaus in Duisburg unter dem Namen „Rosenblumendelle“ für die Reederei Hugo Stinnes erbaut, wurde es 1962 zum Schieben umgebaut. Oben ist das Boot 1975 nach dem Zusammenschluss der beiden großen Reedereien Fendel und Stinnes mit dem typischen Fendel-Signal „gelb-rot-gelb“ im Kamin zu sehen, unten nach einer Havarie am 26. Mai 1977 am Hunthafen in St. Goar.

Das Schubboot „Thiel II“ (siehe Seite 23/24), auf dem oberen Bild 1978 auf Talfahrt unterhalb von Koblenz, ist bis heute in Fahrt geblieben. Nach einigen Namens- und Eignerwechseln kam es unter dem Namen „Roanja“, unten im Jahr 1988, wieder häufiger zum Mittelrhein, wurde 1996 weiterverkauft und ist heute als „Elisabeth“ vorwiegend auf der Donau im Einsatz.

Eine Besonderheit war die Schubeinheit „Johanna" mit „De Ruyter" – auf dem oberen Bild im Jahr 1988 sichtbar. Das 1974 gebaute Schubboot fuhr lange Zeit unter dem Namen „Roland", so auch bei der unteren Aufnahme von 1985. Das Leistungsvermögen wurde nach und nach von 1.800 auf 2.240 PS gesteigert. Inzwischen ist das Boot nach Korea verkauft worden. Der Tankleichter „Johanna" wurde als Schleppkahn „Limburgia" 1951 gebaut und verfügte über ein Fassungsvermögen von 3.385 Tonnen.

4

HÖHEPUNKTE UND ABSCHWUNG

Die Schubschifffahrt in der traditionellen Form, also mit Schubboot und einem oder mehreren Leichtern, erreichte Anfang der 1980er-Jahre ihren Höhepunkt auf dem Rhein. Aber schon bald begann es in dieser Sparte zu kriseln – Merkmale dafür waren die Stilllegungen bekannter, noch nicht einmal 20 Jahre alter Schubboote wie „Braunkohle 1" oder „Franz Haniel 11". Während auf dem Niederrhein der Erz- und Kohletransport für die Hochöfen an der Ruhr reibungslos funktionierte, tat man sich in der Fahrt hinauf zum Oberrhein in einem rationellen Umlauf sehr schwer. Statt großer Schubboote ließen Reedereien wie Haniel, Stinnes, Raab Karcher oder Lehnkering nun Einraumschiffe bauen, die in der Lage waren, bis zu drei Leichter mitzuführen. Beispiele dafür waren die „Haniel-Kuriere 60, 61 und 62" sowie „Mathias Stinnes", „Unser Fritz" oder „Reuterweg". Die „Roten Schweizer" bestellten gleich fünf Einheiten der sogenannten „Albula-Klasse". Ab Ende des Jahrzehnts bauten die Franzosen ihre Kapazitäten mehr und mehr ab. Nach 1982 und dem Neubau der „Albert Auberger" wurde zunächst kein Ersatz mehr für stillgelegte Einheiten beschafft. Schubboote, die die Reedereien in Partikulierhand abgaben, fristeten meist nur ein kurzes Dasein – zu groß war der Kostendruck und zu gering die Auslastung.

Mit dem Bau des Schubbootes „Herkules III" 1972 auf der Ruhrorter Schiffswerft in Duisburg läutete die Krupp-Reederei eine neue Ära ein. Erstmals wurde die 6.000-PS-Grenze erreicht, jedoch fuhr man mit drei Motoren in der Regel gedrosselt zu je 1.800 PS. Das Boot ist heute noch unter dieser Bezeichnung im Einsatz, nunmehr allerdings für die Imperial-Reederei.

Als weiteres 6.000-PS-Schubboot wurde 1975 „Herkules IV“ auf der Ruhrorter Schiffswerft für die Krupp Reederei gebaut, oben im Jahr 1988 zu sehen. Es ist seit dieser Zeit, abgesehen von notwendigen Werftaufenthalten, ständig im 24-Stunden-Einsatz. Heute fährt es in den Farben der Imperial-Reederei weiterhin in erster Linie in der Relation Duisburg–Rotterdam–Duisburg. Unten sieht man es in Sechser-Fahrt auf dem Waal im Jahr 2007.

Die Mannesmann-Reederei stellte sich schon früh auf die moderne Schubschifffahrt ein und bestellte 1962 auf der Smit-Werft in Kinderdijk/Niederlande den ersten Neubau „Mannesmann I“ mit zwei Maschinen zu je 900 PS. Nach einem Werftaufenthalt 1987 – oben – wurde das Boot verkauft und verkehrte als „Renella“ auch häufiger auf dem Mittelrhein, wie auf dem unteren Bild bei Koblenz 1988. Das Aus kam 1992 für das Boot.

Auf der gleichen Werft wie die Nummer 1 wurde 1965 „Mannesmann II“ gebaut, ebenfalls mit zwei Motoren zu je 900 PS, oben im Jahr 1971 zu erkennen. Nach dem Verkauf 1982 fuhr das Boot noch unter verschiedenen Namen und Eignern bis zur Verschrottung 1997.

Seine besonderen Auftritte hatte das Schubboot „Mannesmann III“, hier 1991, in der Mitte der 1970er-Jahre gedrehten ARD-Fernsehserie „MS Franziska“. Allerdings ereilte das 1973 in Dordrecht mit 4.500 PS gebaute Boot 1999 schon relativ früh das Schicksal der Verschrottung. Es wurde als sogenannte „Sloop-Tonnage“ eingelöst für einen Neubau der Reederei Veerhaven.

1978 orderte die Mannesmann-Reederei ihren vierten Neubau auf der Werft De Biesbosch in Dordrecht. „Mannesmann IV", oben im Jahr 1989, verfügte über drei Motoren zu je 1.500 PS, ging 1991 über zur Krupp-Reederei und trägt seitdem den Namen „Herkules VI". Mittlerweile in Imperial-Farben, kam dieser große Schuber auch schon mal zum Mittelrhein – wie auf dem in Koblenz aufgenommenen, unteren Bild 2008.

Der letzte Neubau von Mannesmann war 1983 die Nummer 5, ebenfalls bei De Biesbosch in Dordrecht mit einem Leistungsvermögen von insgesamt 5.400 PS gebaut. „Mannesmann V", hier 1989, kam 1991 ebenfalls zur Krupp-Reederei und wurde in „Herkules VII" umbenannt. So ist das Boot auch heute, allerdings in Imperial-Farben, im Einsatz. Unten sieht man es im Jahr 2006 im Begegnungsverkehr mit „Veerhaven V".

Die Reederei Franz Haniel war eine der traditionsreichsten auf dem Rhein. Das kleine Schubboot „Franz Haniel 8“, 1973 für die Elbe-Reederei als „Janus“ auf der Oelkers-Werft gebaut, wurde 1985 angekauft, hier 1985 am Rhein-Kilometer 600 bei Bendorf. Das 900-PS-Boot wurde 1987 zur Donau weiterverkauft und umbenannt in „St. Nikola“. Heute heißt es „Enns“.

Zahlreiche Fahrzeuge trugen den Namen des Pioniers der Rheinschifffahrt, Franz Haniel. Eine Ausnahme bildete das kleine Boot „Oppenheim“, das 1972 mit zwei Maschinen zu je 250 PS in Sliedrecht entstand. Es wurde für Bugsier- und Zubringerdienste auf dem Oberrhein angeschafft und 1985 als „Thyssen III“ abgegeben, hier an der Schottelwerft in Spay am 2. August 1985.

Mit dem Ankauf des „Franz Haniel 9“ verstärkte die Reederei ihre Flotte im Jahr 1979. Das 1971 auf der Oelkers-Werft in Hamburg mit insgesamt 2.250 PS gebaute Boot der Elbe-Reederei war auf dem Mittelrhein als „Hammonia“ gut bekannt (siehe Seite 61). Auf dem oberen Bild ist es 1981 im Einsatz vor St. Goar, unten 1985 auf Talfahrt am Jungferngrund bei Oberwesel zu erkennen. 1988 kaufte es ein Partikulier und nannte es wieder in „Hammonia“ um.

Nun wieder als „Hammonia“ für den Partikulier Speksnijder aus Papendrecht/Niederlande in Fahrt, war der ehemalige „Franz Haniel 9“ weiterhin präsent auf dem Mittelrhein: Oben in Spargelformation in der Anfahrt auf Boppard im Sommer 1988, unten im Herbst desselben Jahres auf Talfahrt bei Assmannshausen. Noch heute verwendet die Imperial-Reederei das Boot unter dem Namen „Herkules IX“.

Aus ungewohnter Perspektive ist hier das Boot „Franz Haniel 10“ (siehe Seite 60) auf Talfahrt unterhalb der Neuwieder Rheinbrücke im September 1986 zu sehen. Bis zum Ende der Binnenschifffahrts-Aktivitäten 2003 war es in Haniel-Diensten, wurde dann von Imperial übernommen und heißt heute „Herkules X“.

„Franz Haniel 10“ grüßt das Reiterstandbild am Deutschen Eck in Koblenz auf Talfahrt am 6. September 1996.

Sie gleichen sich wie Zwillinge, könnte man hier im Ruhrorter Hafen im September 1987 meinen. „Franz Haniel 12“ wurde 1969 auf der Rheinwerft-Walsum mit zwei Maschinen zu je 1.250 PS gebaut, wurde stets von Haniel genutzt, kam schließlich zu Imperial und ist weiterhin in Fahrt als „Herkules XII“. 2012 wurde es sogar auf 3.672 PS höher motorisiert.

Mit dem Neubau „Franz Haniel 11“ schlug die Haniel-Reederei 1966 fast ein Jahrzehnt nach den ersten Versuchsfahrten das Kapitel Schubschifffahrt auf. Es war eine Anschaffung im Hinblick auf den Kalkstein-Transport vom Oberrhein nach Neuwied und Oberkassel. Diesen Auftrag teilte man sich mit der französischen Staatsreederei, die das Boot „Strasbourg“ dafür in Auftrag gegeben hatte. Doch schon 1983 wurde die Nummer 11 auf derselben Werft in Walsum, auf der sie gebaut worden war, verschrottet.

Bis heute trägt „Franz Haniel 14“ seinen Namen, obwohl es schon seit vielen Jahren nicht mehr in aktiven Schub-Diensten steht. Das 1969 gebaute Boot wurde schon Anfang der 1990er-Jahre zum Repräsentationsschiff umfunktioniert und hat seinen Platz an der Ruhrorter Schifferbörse in der Nähe des Museumsschiffs „Oscar Huber“. Oben ist der 2.500 PS starke Schuber 1986 im Bopparder Hamm zu sehen, unten im Herbst 1987 vor Andernach.

Äußerst selten kamen die großen Haniel-Boote zum Mittelrhein, hier 1985 unterhalb Koblenz, – waren sie doch vorwiegend für den Erztransport Rotterdam–Duisburg konzipiert. „Franz Haniel 15" wurde 1972 mit drei Motoren zu je 1.740 PS auf der Rheinwerft in Walsum gebaut und ist heute noch im Einsatz für die Imperial-Reederei als „Herkules XV".

Im frühen Morgenlicht eines sonnigen Apriltages 1993 schiebt hier „Franz Haniel 16" seine Fracht gegen den Strom. Das 1973 in Auftrag gegebene Schubboot ist baugleich mit der Nummer 15 und wird ebenfalls heute noch bei Imperial als „Herkules XVI" verwendet.

Eine stattliche Schubbootflotte unterhielt die Lehnkering-Reederei ab Mitte der 1960er-Jahre. Auf der Hilgers-Werft in Rheinbrohl entstand 1965 das Boot „Ludwigshafen“, das später als „Lehnkering 14“ im Mittelrheingebiet präsent war, hier 1978 bei Urmitz. Die Leistung wurde von zunächst 1.540 PS auf 2.000 PS gesteigert.

Noch immer verwendet, heute vorwiegend auf der unteren Donau, wird das ehemalige Schubboot „Lehnkering 14“, das zwischenzeitlich auch als „Phocida“ – hier 1988 am Betteck – auf dem Mittelrhein aktiv war. Mehrfach umgebaut, war es unter wechselnden Eignern und Namen im Einsatz.

Das Schubboot „Lehnkering 15“ mit dem Zusatznamen „Leverkusen“ (siehe Seite 56) hatte nur wenige Einsätze auf dem Mittelrhein, so auch 1985 oben zu sehen. Seit 1988 gehört es zur Flotte der Grieshaber OHG in Ludwigshafen und trägt seitdem den Namen „Gebr. Grieshaber“, unten 1997 bei Koblenz-Kesselheim zu erkennen. Von Zeit zu Zeit sieht man das Boot im Oberen Mittelrheintal an den Sooneck-Steinwerken im Einsatz.

Eine ungewöhnliche Schubleistung erbrachte „Lehnkering 17“ im Sommer 1985 mit zwei Leichtern sowie einem mitgeführten Tankschiff auf Bergfahrt bei Koblenz. Unten ist das Boot in einem Schubverband auf Talfahrt 1986 bei Rolandseck zu sehen. Heute fährt es unter dem Namen „Kraaijenberg“ noch als eine der wenigen großen Einheiten im Mittelrheingebiet (siehe Seite 126/127).

„Lehnkering 19“ war 1983 ein weiteres Ankaufobjekt des Duisburger Unternehmens. Es handelt sich um den „Hanseat“ der Elbe-Reederei (siehe Seite 62 f.), der für ein gutes Jahrzehnt in Lehnkering-Farben erstrahlte. Nach dem Verkauf 1994 war das Boot noch als „Camaro“ und „Nero“ mehrfach umgebaut in Holland eingesetzt worden, ehe es 2006 zur unteren Donau verlegt wurde.

Eine Seltenheit war das Auftauchen des Schubbootes „Lehnkering 20“ im Mittelrheingebiet, hier 2008 an der Löhnberger Mühle in Lahnstein. Es wurde 1976 als „EWT 106“ gebaut (siehe Seite 115) und kam ab 2002 unter Lehnkering-Flagge. 2010 wurde es nach Südamerika überführt und ist nun in Paraguay als „Don Abraham“ auf dem Rio Parana unterwegs.

Das Schubboot „Hanseat“ (siehe Seite 62/63) war ein gutes Jahrzehnt nicht wegzudenken aus dem Verkehrsgeschehen auf dem Mittelrhein. Das Bild zeigt das Boot 1978 auf Talfahrt bei Koblenz-Neuendorf.

Schubboote der Reederei Veerhaven bedienten in der Regel die Hochöfen von Thyssen mit Eisenerz aus Rotterdam. Nur in Ausnahmefällen als Ersatz für eine Einheit der Elbe-Reederei kam „Veerhaven I“ mit Beinamen „Walrus“ 1979 zum Mittelrhein. Hier ist das 1973 gebaute Boot mit einem Leistungsvermögen von 3.200 PS auf Talfahrt bei Koblenz-Oberwerth zu sehen.

Ein besonderes Schicksal ereilte „Veerhaven III" mit Beinamen „Waterbuffel". Gebaut 1976 mit drei Motoren zu je 2.000 PS, wurde es 2007 verkauft und in „Rhenus-Schub II" umbenannt, vorgesehen für die untere Donau. Am 17. Mai 2008 sollte das Boot per Schleppfahrt zum Schwarzen Meer überführt werden. Südlich von Peloponnes versank es am 3. Juni 2008.

Das 1972 als „Veerhaven II" gebaute Schubboot „Dolfijn" war mit zwei Motoren zu je 1.600 PS bestückt und kam nach 1986 wesentlich öfter zum Mittelrhein. 1997 wurde es nach Korea verkauft.

Das zu seiner Zeit stärkste Schubboot „Wiking“, oben 1976 bei St. Goar (siehe auch Seite 61), wurde 1978 verkauft und fand als „Veerhaven IV – Nijlpaard“ Verwendung in der Erzfahrt zwischen Rotterdam und Duisburg. 1997 wurde es stillgelegt, die Aufbauten mit dem Schriftzug „Wiking“ sind noch heute in Rotterdam bei den Steenplaats zu erkennen.

Das Schubboot „Ofir" – hier 1982 bei Koblenz – wurde 1972 auf der Werft Baan Hofmann in Gorinchem für die Reederei Königsfeld als „ROBA 2" gebaut (siehe Seite 110). 1988 wurde es an die jugoslawische Donauschifffahrt verkauft und in „Kajmakcalan" umbenannt.

Als „Watervogel" der Tankreederei Van Ommeren (siehe Seite 40) war das 1984 verkaufte und in „Borgir" – hier 1988 bei Filsen – umbenannte Schubboot am Mittelrhein bekannt. 1997 wurde es nach Bangladesh überführt.

5

ANFANG VOM ENDE

Mit dem Fortschreiten der Globalisierung in den 1990er-Jahren veränderte sich auch die Binnenschifffahrt auf dem Rhein. Der zunehmende Transport von Waren und Gütern in Containern beschäftigte zwar auch die Schubschifffahrt, aber eher in flexiblen Koppel-, denn in den traditionellen Schubverbänden. Als die ersten Schiffe mit 135 Meter Länge auftauchten, schienen sie die ideale Transportgröße für die standardisierten Container zu haben – erst recht als jene Großeinheiten vom Typ „Jowi" mit einer Breite von bis zu 17,40 Metern zugelassen wurden, wodurch sechs Lagen Container nebeneinander gestapelt werden konnten.

Noch 1992/93 hatte die französische Reederei CFNR mit drei typengleichen Schubboot-Neubauten, „Robert-David", „Lorraine" und „Dillingen", für neuen Schwung gesorgt, der aber bald angesichts drastischer Sparmaßnahmen und Personalabbau verebbte. Dieser Schrumpfungsprozess gipfelte in der Aufgabe der stationären Anlegestation „Briey" in Koblenz zum Jahresende 1998. Aber nicht nur die Franzosen, auch deutsche Reedereien bauten ihre Kapazitäten weiter ab. Traditionsreiche Unternehmen verschwanden vom Strom, so wie die Namen Stinnes, Raab Karcher und zuletzt auch Franz Haniel kurz nach der Jahrtausendwende.

Stelldichein an der Loreley: die beiden französischen Boote „Lyon" und „Tempete" Mitte der 1960er-Jahre in Aktion. Schon 30 Jahre später war die Euphorie in Bezug auf die Schubschifffahrt auf dem Mittelrhein deutlich gebremst.

Der erste Neubau für die französische Schubschifffahrt war im Jahr 1959 „Gaston Haelling“, bekannt wie ein bunter Hund am Mittelrhein. Häufig manövrierte das 1.790 PS starke Boot in Koblenz am Deutschen Eck, wie auf diesen beiden 1978 aufgenommenen Bildern zu sehen. Es findet heute noch Verwendung als Clubschiff in der Nähe von Straßburg.

Ein in Schifffahrtskreisen ebenso bekannter Name war „Auguste Detoeuf", erbaut 1962 und mit zwei Motoren zu je 950 PS ausgestattet. Auf dem oberen Bild manövriert das Boot talwärts bei Remagen/Erpel, unten schiebt es zusammen mit „Tempete" am Betteck vier Leichter gegen den Strom.

Ohne die Verse von Heinrich Heine („Ich weiß nicht was soll es bedeuten") und die Melodie von Friedrich Silcher, die üblicherweise auf Fahrgastschiffen abgespielt wird, schiebt „A. Detoeuf" seine Fracht am berühmten Loreley-Felsen vorbei.

Die 1966 erbaute „Strasbourg“ erledigte gemeinsam mit „Franz Haniel 11“ über viele Jahre den Kalksteintransport vom Oberrhein nach Neuwied und Oberkassel. Während das Haniel-Boot nach Ablauf des Auftrags bereits verschrottet wurde, blieb die „Strasbourg“, hier 1985 am Deutschen Eck in Koblenz, noch einige Jahre im Dienst (siehe Seite 36 und 122).

Frühmorgendliche Begegnung unterhalb von Koblenz im Spätsommer 1984: Es herrschte noch geschäftiges Treiben in der Schubschifffahrt, besonders bei der französischen Staatsreederei CFNR mit ihren beiden großen Booten „Victor Millet“ und „Pierre Brousse“.

Die Schubversuche in der Sechser-Fahrt erreichten in den 1990er-Jahren am Mittelrhein ihren Höhepunkt. Mehrfach versuchten sich 1992 die Boote „Pierre Brousse", oben bei Bendorf, und Victor Millet, unten bei Urmitz, darin.

Das größte und stärkste Schubboot der CFNR-Flotte war „Albert Auberger“, oben 1982, unten in Sechser-Fahrt 1994. Es wurde 1982 auf der „Hauswerft“ der Franzosen, De Biesbosch in Dordrecht, mit drei Motoren zu je 2.000 PS gebaut. Heute ist es bei der Imperial-Reederei in Fahrt und trägt die Bezeichnung „Herkules II“.

Die Reederei De Beyer aus Kekerdom/Niederlande beschäftigte über einen großen Zeitraum eine beachtliche Schubbootflotte. Von den in der Regel unter Schweizer Flagge fahrenden Einheiten war „Mosel“, hier 1988, die größte mit einer schon bewegenden Vergangenheit (siehe Seite 48 f.). Noch bis 1998 war das Boot in Fahrt gewesen, ehe es verschrottet wurde.

1985 begegneten sich hier „Lehnkering 17“ und „Saar“. Letztere ist Baujahr 1971 und wurde als „Marimoto-Schub 3“ auf dem Rhein gefahren. Nach mehreren Eigner- und Namenswechseln kam es zu De Beyer und hieß zunächst „Rheinstadt 3“ (siehe Seite 50). 1988 wurde das Boot nochmals umbenannt in „Stark 1“, heute ist es im Bereich der Loire-Mündung bei Nantes im Einsatz.

Ein DDR-Export war auch das 1970 gebaute Boot „Lahn", hier 1986, das zunächst bei der Reederei Interfracht als „Rheinberg" fuhr. Nach einem Zwischenspiel in Hamburg als „Bill-Baas" kam es 1979 zu De Beyer und trug zunächst die Bezeichnung „Rheinstadt 2". Nach dem Verkauf 1987 war es noch einige Zeit in Belgien und Holland gefahren, ehe es 1997 verschrottet wurde.

1987 brachte die Firma De Beyer den Neubau „Manon" mit zwei Maschinen zu je 918 PS in Fahrt. Hier ist das Boot im November 1987 bei den Steinwerken in Trechtingshausen zu sehen. Nach dem Verkauf 1996 fuhr es für verschiedene Eigner, heute heißt es „Willem-Lourens" und ist in Ridderkerk/Niederlande beheimatet.

Die traditionsreiche Reederei Königsfeld aus Holland engagierte sich mit ihrem Tochterunternehmen Roba/Basel in der Schubschifffahrt. Drei baugleiche Boote lieferte die Werft Baan-Hofmann in Gorinchem 1971/72 mit je zwei Motoren zu je 900 PS. Die Bilder zeigen „Roba 2" vor Koblenz in Sichtweite des Deutschen Ecks im Jahr 1978 (siehe auch Seite 100).

Als „Roba 3“ wurde das hier 1987 bei Linz gezeigte Schubboot „Desiree“ gebaut. Es blieb unter Schweizer Flagge und bereicherte das Geschehen auf dem Rhein in den 1980er-Jahren. Später umbenannt in „Taurus“, kam es nach Öffnung des Main-Donau-Kanals verstärkt auf der Donau zum Einsatz und verkehrt heute als „Bononia“ unter bulgarischer Flagge.

Ein Oldtimer der Rheinschifffahrt war das kleine Schubboot „Saphir“, hier 1988. Gebaut wurde es 1939 als Motorschlepper „Rhinau“ für die französische Staatsreederei. Seit 1971 fuhr es unter Schweizer Flagge für verschiedene Eigner. Mit 600 PS waren auch Nebenflüsse geeignete Betätigungsfelder. Nach mehr als 50 Jahren wurde es 1992 in Lüttich verschrottet.

Die große Rhein-Reederei Stinnes tat sich mit der Schubschifffahrt schwer. Zwar hatte man zahlreiche Koppelverbände in Fahrt, aber erst 1983 lieferte die Arminius-Werft in Bodenwerder mit „Stinnes-Schub I“ einen attraktiven Neubau mit zwei Motoren zu je 2.000 PS. Das Boot fährt heute unter der Flagge von Rhenus Partnership und trägt seit 1998 die Bezeichnung „Rhenus-Schub I“.

Das kleinere Schubboot „Sperber“, 1973 auf der Werft Bodewes in Hasselt/Niederlande als „Christina“ gebaut, stand für einige Jahre in Diensten der Rhenus-WTAG in Dortmund. Heute ist das mit zwei Motoren zu je 570 PS ausgestattete Schubboot als „Joson“ vor allem auf dem Rhein-Main-Donau-Kanal im Einsatz.

„Harpen 10" gehörte noch zu den klassischen Umbauten vom Schleppen zum Schieben (siehe Seite 20). Das Boot hatte mehr als zehn Jahre der Harpener Reederei gedient, hier 1981 bei Koblenz, ehe es 1989 nach Holland verkauft, aber schnell stillgelegt und 1991 verschrottet wurde.

Sinnbild für eine Krise in der Schubschifffahrt: Im April 1988 waren „Harpen 1, 2, 3 und 11" stillgelegt und erwarteten in Duisburg-Ruhrort ihr Schicksal. Alle Boote kamen aber unter anderen Namen wieder in Fahrt und sind es heute noch.

1971 galt der Neubau „EWT 105“ mit dem Beinamen „Willem Barendsz“ als eines der größten und mit drei Motoren zu je 1.200 PS als eines der stärksten Schubboote auf dem Rhein. Auf dem oberen Bild ist es 1987, unten 1971 kurz nach seiner Fertigstellung zu sehen. 1990 verkaufte die EWT dieses Boot nach England, wo es auf der Themse als „Ordale H“ im Einsatz war. 1997 kam es jedoch nach Rotterdam zurück und wurde abgewrackt.

„EWT 106" mit dem Beinamen „Jacob C. van Neck" wurde 1976 bei Baan-Hofman in Gorinchem/Niederlande gebaut und verfügte über ein Leistungsvermögen von stattlichen 5.400 PS, hier 1989. Bevor es 2002 verkauft und in „Lehnkering 20" umbenannt wurde (siehe Seite 96), war dieses Schubboot auch häufiger im Mittelrheingebiet unterwegs gewesen.

Das Kasko von „EWT 107" mit dem Beinamen „Abel Tasman" wurde 1981 auf der Ruhrorter Schiffswerft erbaut und in Dordrecht endgefertigt. Mit drei Motoren zu je 1.800 PS ist das Schubboot, hier 1993 bei Neuwied, auch heute noch bestens motorisiert. Seit 2005 fährt es als „Veerhaven II – Narwal" für das Thyssen-Krupp-Tochterunternehmen.

Die Ankündigung eines großen Viererschubverbandes mit „EWT 107" auf Talfahrt mobilisierte einige Schaulustige, darunter auch den inzwischen verstorbenen, ehemaligen Rheinlotsen Fritz Panzel, der die Gelegenheit für einige Schnappschüsse von der Vorbeifahrt an der Loreley nutzte.

„EWT 108“ mit dem Beinamen „Cornelis de Houtman“, oben im Jahr 1993 abgelichtet, war baugleich mit „EWT 107“. Seit 2005 ist das Schubboot als „Veerhaven IV – Alligator“ im Einsatz. Das untere Bild zeigt das Boot 2008 bei einem Werftaufenthalt.

Die 1977 aus den Unternehmen Damco und De Haas hervorgegangene „Nedlloyd Rhein- und Binnenschifffahrt“ war zunächst vorwiegend in der Tanksschifffahrt tätig. 1982 wurde bei De Biesbosch in Dordrecht das kleine Schubboot „Nedlloyd 1“, hier 1992, mit zwei Motoren zu je 650 PS in Auftrag gegeben. Heute fährt es unter dem Namen „Albatros“ vorwiegend in Holland.

Die Reederei Chemgas verwendete neben einigen großen Einheiten auch zahlreiche kleinere Boote, darunter der 1973 auf der Deltawerft in Sliedrecht gebaute, nach einem Vulkan in Kolumbien benannte „Pasto“. Das mit einem Leistungsvermögen von gut 1.300 PS ausgestattete Boot ist heute noch unter dem Namen „Otto“ im Charter-Einsatz für Chemgas.

Mit Eröffnung der Rhein-Main-Donau-Verbindung 1992 fanden auch einige Einheiten aus dem Donau-Einzugsgebiet den Weg zum Mittelrhein, so auch die 1975 für die DDSG auf der Schiffswerft Linz gebaute „Melk“. Am 1. September 1998 ergab sich die seltene Gelegenheit für ein Bild bei der Vorbeifahrt des 3.600 PS starken Schubbootes am Deutschen Eck in Koblenz.

Die „Krems“ war 1966 auf der Schiffswerft Korneuburg der letzte Zugschiffneubau der DDSG für die Donau. Lange nach der Stilllegung war das Schicksal des einstigen Flaggschiffs ungewiss, bis es zum Schieben umgerüstet wurde. So kam es für einige Einsätze zum Rhein, hier 2000 oberhalb des AKW Mülheim-Kärlich, obwohl es mit 1.500 PS etwas schwach motorisiert ist.

Die slowakische Flagge ist auf dem Rhein seit fast 20 Jahren vertreten, oft auch durch Schubboote wie „Muflon 5“, hier 1999 am Deutschen Eck in Koblenz auf Talfahrt. Es wurde 1985 in Breslau gebaut und verfügt über zwei Maschinen zu je 390 PS.

Die Reederei „Bayerischer Lloyd“ in Regensburg betrieb über viele Jahrzehnte mit einer beachtlichen Flotte Schifffahrt auf der Donau. Das kleine Schubboot „Florian“, hier 1993 bei Bendorf, entstand 1982 auf der Schiffswerft in Deggendorf und ist heute noch nach verschiedenen Eignerwechseln im Einsatz.

Das ungarische Motorschiff „Buda“ war 1992 der erste osteuropäische Gast, der über die neue Main-Donau-Kanal-Verbindung zum Rhein gelangte. Nach und nach befuhren ihn immer mehr Einheiten der früheren Staatsreederei Mahart – darunter auch das kleine Schubboot „Körös“, das 1973 auf der VEB Yachtwerft in Berlin gebaut wurde. Hier ist es 2001 bei Neuwied zu sehen.

Die ukrainische Flagge vertraten auf dem Mittelrhein vor allem die Schubboote der sogenannten Z-Klasse, wie hier „Zaporoschje“ im Jahr 1993. Es wurde 1979 in Budapest gebaut und verfügt über ein Leistungsvermögen von knapp 2.500 PS.

Hervorragend ausgestattet, zeigt sich die „R. Siegfried“ (siehe Seite 34 und 36) heute in Dordrecht als Museumsschiff der Vereinigung de Binnenvaart, einem über 3.500 Mitglieder starken, niederländischen Verein. Eine Besichtigung lohnt sich auch für Nichtmitglieder angesichts eines umfangreichen Archivs und zahlreicher Exponate der Binnenschifffahrt.

Ebenfalls zum Museumsschiff umfunktioniert wurde die „Strasbourg“ (siehe Seite 36 und 105) zusammen mit dem Donau-Dampfschlepper „Pasteur“ im Hafen von Straßburg. Allerdings sind die Einrichtungen seit einiger Zeit geschlossen – und es ist ungewiss, ob sie jemals wieder geöffnet werden.

6

NICHT DURCHGESETZT

Die Schubschifffahrt hat sich in ihrer ursprünglichen Form auf dem Mittelrhein nicht durchgesetzt. Seit der Jahrtausendwende sind die Schiffsbewegungen mit großen Einheiten mehr und mehr zurückgegangen. Vereinzelte Einsätze, vor allem zum Transport von Kraftwerkskohle, bilden die Ausnahme. Die dominierenden Reedereien Thyssen-Krupp-Veerhaven sowie Imperial Logistics konzentrieren ihre Einsätze auf die Verbindung zwischen den Rheinmündungshäfen und Duisburg. Beide Unternehmen haben ihre Flotten allerdings stetig modernisiert, teilweise auch mit Neubauten, so wie im Jahr 2012 „Veerhaven III – Waterbuffel". Das erste Boot mit diesem Namen war 2008, bereits in „Rhenus-Schub II" umbenannt, bei der Überführung zur Donaumündung im Mittelmeer bei stürmischer See versunken. Mit neuen Einheiten versorgte auch die zur deutschen Jaegers-Gruppe gehörende Chemgas-Reederei ihre Schubbootflotte („Thera" und „Toba"), um in der Gastankschifffahrt leistungsfähig zu bleiben. Bleibt abzuwarten, wohin die weitere Entwicklung in der Schubschifffahrt führt.

Eines der neuesten Schubboote auf dem Rhein ist „Veerhaven XI – Ijsbeer", gebaut 2009 bei Gebr. Kooiman in Zwijndrecht mit drei Maschinen zu je 1.800 PS.

Vieles in der modernen Schubschifffahrt ist für die Besatzungen angenehmer und leichter zu handhaben als früher, dennoch üben sie bei den heutigen Anforderungen und der Verkehrsdichte gewiss keinen stressfreien Beruf aus. Schiffsführer Heinrich Görsch aus St. Goarshausen, auf dem oberen Bild in der Mitte zu sehen, lenkte das Schubboot „Veerhaven IX" viele Jahre zusammen mit (links) Maschinist Alfred Schulz und Steuermann Eddy Poppema – vor allem in der Erzfahrt zwischen Rotterdam und Duisburg.

So ein großes Schubboot wie „Veerhaven IX“ mit dem Beinamen „Dolfijn“ ist eine imposante Erscheinung, vor allem während der Fahrt von den Leichtern aus gesehen. Abgesehen von notwendigen Werftaufenthalten ist so ein Boot rund um die Uhr an 365 Tagen im Einsatz. Um bis zu 18.000 Tonnen Fracht zu bewegen, sind in der sogenannten „Continue-Fahrt“ gerade Mal ein halbes Dutzend Mitarbeiter notwendig.

Reminiszenz an eine vergangene Zeit: Solche Viererschubverbände wie mit dem Boot „Kraaijenberg“ (ex: „Herkules II“, „Lehnkering 17“) auf Talfahrt bei Koblenz, hier 2011, sind im Mittelrheingebiet äußerst selten geworden.

NL KRAAIJENBERG NL
HERTEN

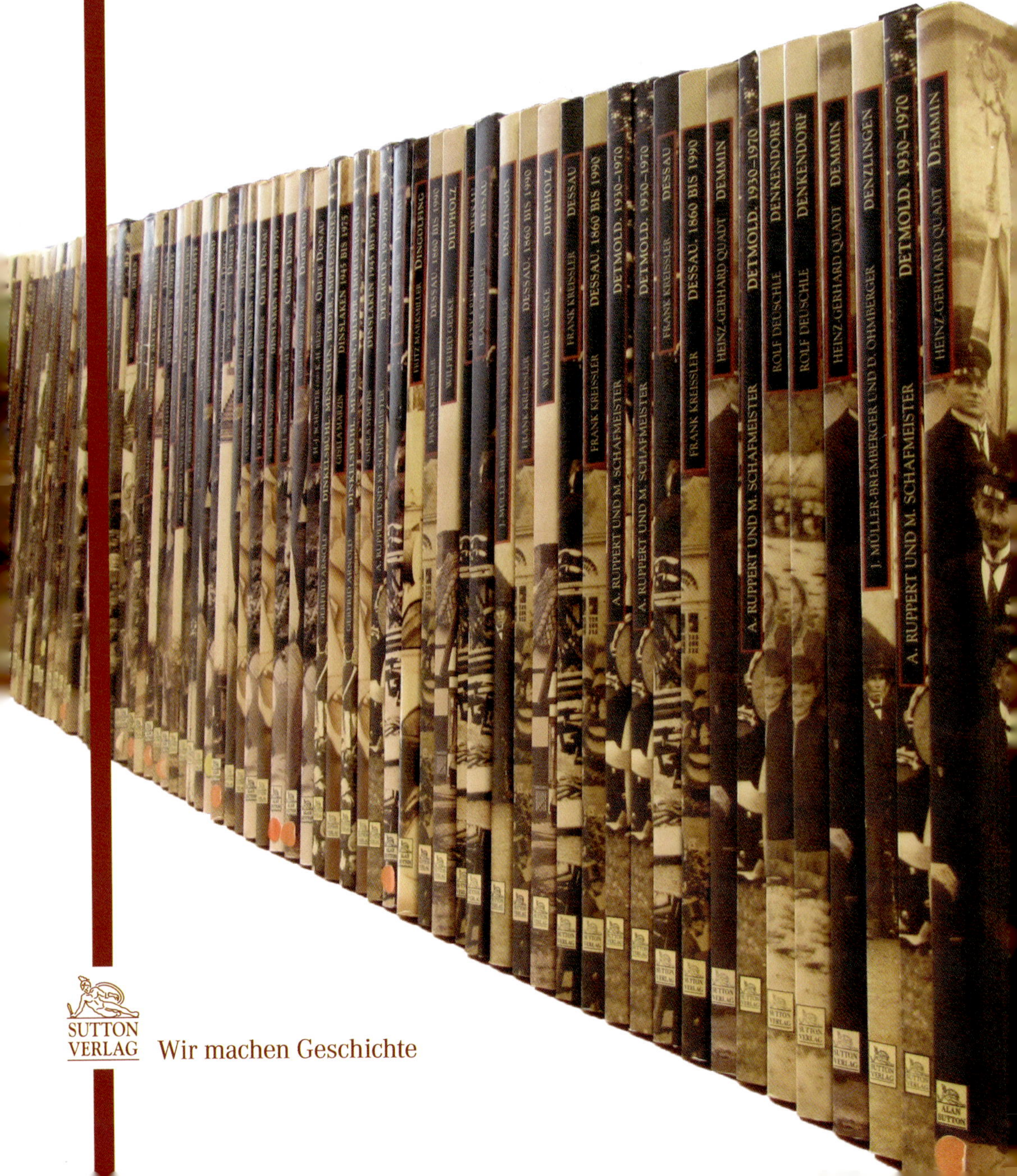